EL SOL

Lynn M. Stone

ROurke
Educational Media

rourkeeducationalmedia.com

www.rourkeeducationalmedia.com

PHOTO CREDITS: Title page: © Lynn Stone; pages 4-5: © NASA; page 6: © NASA; page 7: © NASA; page 8: © David Marchal; page 9: © NASA; page 10-11: © NASA; page 12-13: © NASA; page 14: © Alan Hettinger; page 15: © NASA; page 16: © LSPro; page 17: © Lynn Stone; page 18: © danny chapman, © Eric Gevaert; page 19: © Lynn Stone; page 20-21: © NASA; page 22: © NASA

Editor: Meg Greve
Cover and Interior designed by Tara Raymo
Translation by Dr. Arnhilda Badía

Stone, Lynn M.
El sol / Lynn M. Stone
ISBN 978-1-62717-252-3 (soft cover - Spanish)
ISBN 978-1-62717-451-0 (e-Book - Spanish)
ISBN 978-1-60472-298-7 (hard cover - English) (alk. paper)
ISBN 978-1-60472-959-7 (soft cover - English)
ISBN 978-1-61590-751-9 (e-Book - English)

Printed in China, FOFO I - Production Company
  Shenzhen, Guangdong Province

Also Available as:
ROURKE'S
e-Books

Rourke
Educational Media

rourkeeducationalmedia.com

customerservice@rourkeeducationalmedia.com • PO Box 643328 Vero Beach, Florida 32964

Contenido

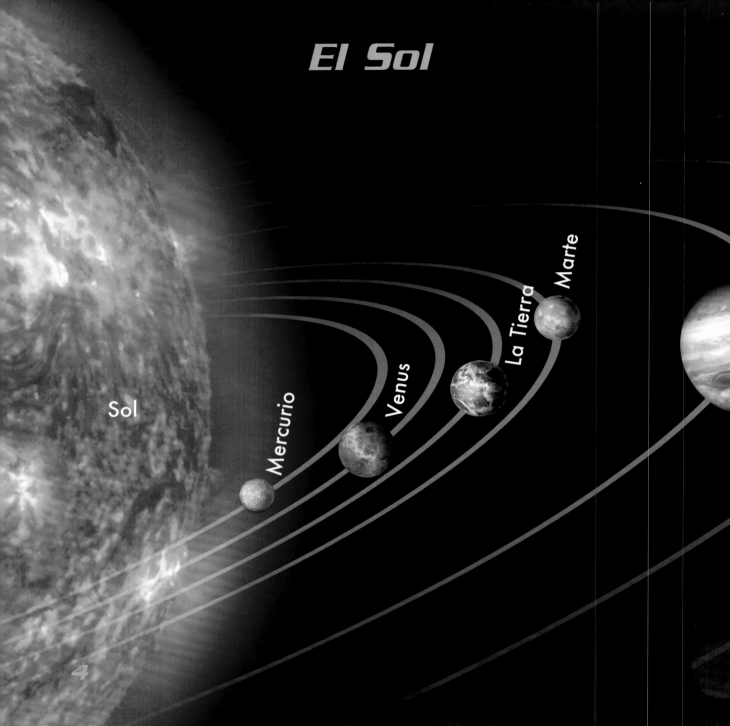

El Sol

Sol

Mercurio

Venus

La Tierra

Marte

Neptuno

Urano

Saturno

Júpiter

Nuestro Sol es conocido
como estrella enana amarilla.

El Sol es la estrella más cercana a la Tierra.
Es el centro de nuestro **Sistema Solar**. Ocho
planetas mayores y muchos otros objetos **orbitan**
alrededor del Sol.

El Sol está aproximadamente a 93 millones de millas (149 millones de kilómetros) de la Tierra. El Sol es tan brillante que proporciona la luz del día a la Tierra.

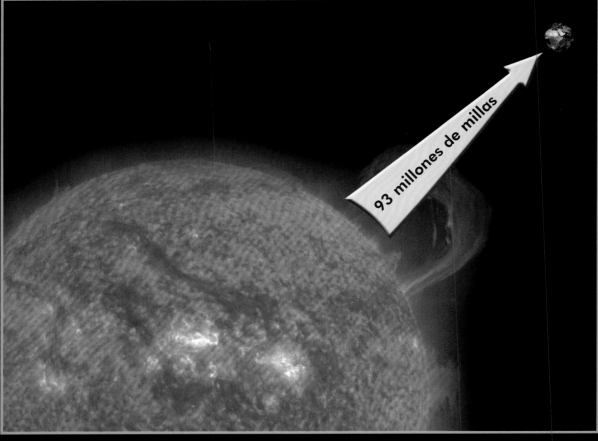

93 millones de millas

El Sol tiene aproximadamente 4.5 billones de años.

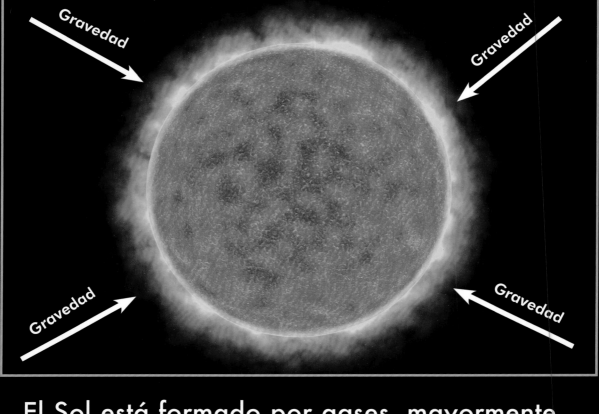

El Sol está formado por gases, mayormente
hidrógeno y helio. Una fuerza poderosa llamada
gravedad mantiene los gases unidos formando
una bola gigante.

Algunas veces se produce una erupción de arcos de gases en el Sol. Estos arcos pueden durar muchos meses.

Hay billones y billones de estrellas en nuestro **universo**. Cuando se compara con las otras estrellas, nuestro Sol no es el más grande ni el más pequeño.

Nuestro Sol está en una galaxia
llamada la Vía Láctea. Una galaxia es
un grupo de estrellas, gases y polvo
que se mantiene unido por una fuerte
atracción gravitacional.

La fuerza de gravedad del Sol

La fuerza de gravedad del Sol es mucho más poderosa que todas las de los otros objetos en nuestro Sistema Solar. Esa fuerza de gravedad mantiene a la Tierra y los otros planetas en **órbitas** estables.

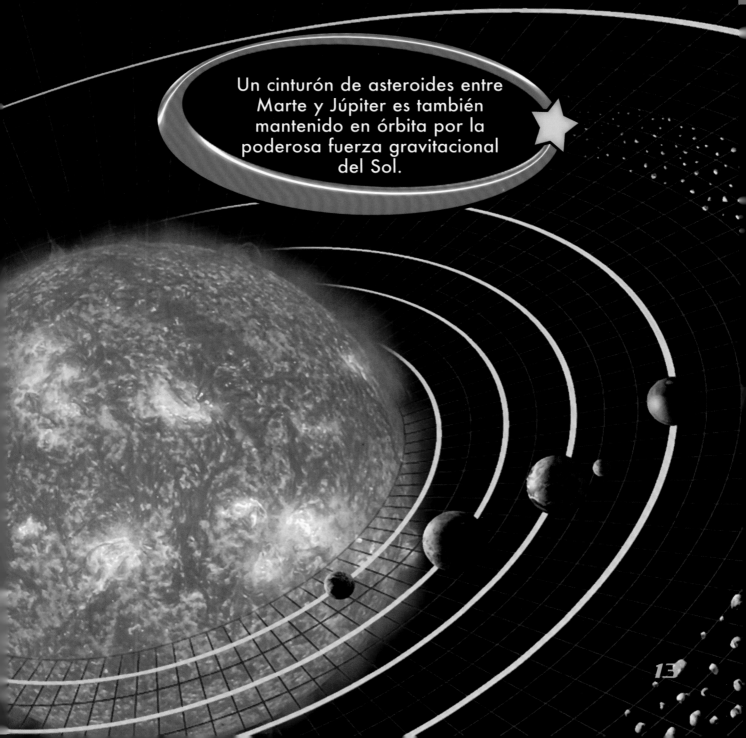

Un cinturón de asteroides entre Marte y Júpiter es también mantenido en órbita por la poderosa fuerza gravitacional del Sol.

13

El Sol y la Tierra

El tamaño del Sol es increíble comparado con el de la Tierra. El Sol es tan grande que casi todos los objetos en el Sistema Solar pueden caber dentro de él.

El Sol es, aproximadamente, 109 veces más grande que la Tierra.

La Tierra

El Sol produce una enorme cantidad de calor y luz. La luz del Sol es el bloque constructor de la vida en la Tierra.

En la mañana y en el atardecer, el ángulo con el que los rayos del Sol penetran en la atmósfera nos permite ver bellos colores en el cielo.

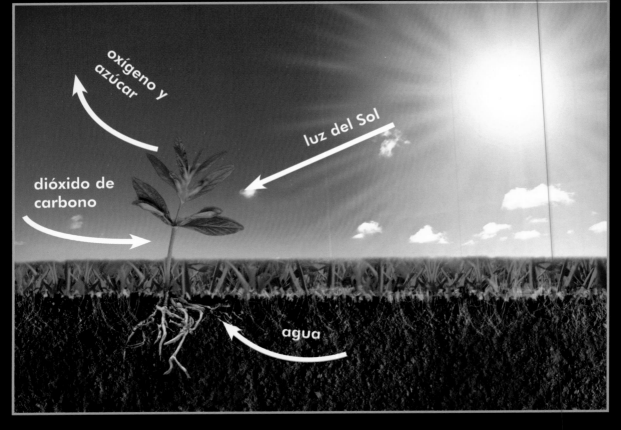

oxígeno y azúcar

luz del Sol

dióxido de carbono

agua

¿Cómo resulta ser la luz del Sol un bloque constructor de la vida en la Tierra? Asombrosamente, las plantas convierten los rayos del Sol en alimentos. Este proceso es llamado **fotosíntesis**.

El Sol proporciona la energía para la vida en la Tierra.

El envejecido Sol

Las estrellas cambian durante millones de años. Van creciendo y aumentando su brillo, y después comienzan a desvanecerse. Finalmente sus gases pierden su energía.

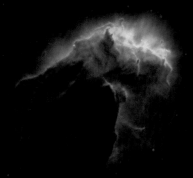

Las estrellas nacen de nubes de polvo y gas.

Las fuerzas gravitacionales hacen que las nubes colapsen formando una protoestrella.

La protoestrella crece hasta convertirse en una estrella de edad media, como nuestro Sol.

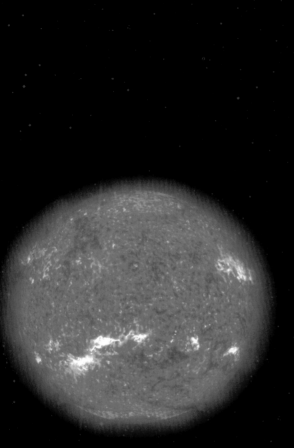

Una estrella gigante roja muere lentamente a medida que colapsa y explota. Realmente las estrellas nunca desaparecen. Se convierten en una enana negra, una estrella de neutrones o un agujero negro.

A medida que envejecen, las estrellas crecen hasta convertirse en gigantes rojas.

Con el tiempo, nuestro Sol comenzará a enfriarse y dejará de brillar. Sin embargo, esos días están aún muy lejanos, aproximadamente más de 5 billones de años.

El Sol es una de más de 100 billones de estrellas en la galaxia Vía Láctea. Los científicos creen que hay más de 100 billones de galaxias en nuestro universo.

Glosario

gases: plural de gas, que es el estado de la materia que al igual que el aire, no es líquida ni sólida

gravedad: una poderosa fuerza física que tiende a atraer los objetos hacia sí

órbita: trayectoria circular que los objetos en el espacio siguen alrededor de otros objetos, como la Tierra orbita alrededor del Sol

fotosíntesis: proceso mediante el cual las plantas convierten la luz del Sol en alimentos

planetas: grandes cuerpos en forma de bola en el espacio que giran alrededor del Sol

Sistema Solar: el Sol y los objetos espaciales unidos a este por la fuerza de gravedad

Índice

Lecturas adicionales

Kerrod, Robin. Sun. Lerner, 2003.
Mitchell, Melanie S. Sun. Lerner 2004.
Prinja, Raman. Sun. Heinemann, 2007.

Páginas web para visitar

solarsystem.nasa.gov/kids/index.cfm
kids.aol.com/homework-help/junior/space/solar-system
www.nasa.gov/audience/forstudents/index.html
www.frontiernet.net/~kidpower/astronomy.html

Acerca del autor

Lynn M. Stone es un fotógrafo que ha publicado extensamente fotografías de la vida salvaje y doméstica de animales y es autor de más de 500 libros de niños. Su libro, *Box Turtles* fue seleccionado como un libro excepcional de ciencias y como Selectors' Choice en el 2008 por el Comité de Ciencias de la Asociación Nacional de maestros y del Consejo de libros para niños.